AF558834

Jürgen Woltmann

# Das Ammerland

Historie und Gegenwart im Land der Parks und Gärten

Jürgen Woltmann

# Das Ammerland

## Historie und Gegenwart im Land der Parks und Gärten

ISENSEE VERLAG
OLDENBURG

**Quellen-Nachweis**

Albrecht Eckhardt (Hg): Oldenburgisches Ortslexikon
Günter G.A. Marklein: Reiseführer Ammerland

Bibliografische Information der Deutschen Bibliothek

Die Deutsche Bibliothek verzeichnet diese Publikation in der Deutschen Nationalbibliografie; detaillierte bibliografische Daten sind im Internet über <http://dnb.ddb.de> abrufbar.

ISBN 978-3-7308-1531-1


Gedruckt bei Isensee in Oldenburg

# Inhaltsverzeichnis

# Das Ammerland

Der Begriff „Ammerland“ leitet sich aus einer uralten Wortkombination ab, die als eine Bezeichnung für „Sumpfland“ verstanden werden konnte. Dass von „Sumpfland“ gesprochen wurde, ist absolut logisch, denn noch heute existieren im Ammerland viele Moore.
Die ursprünglich sehr große Moorfläche wird heute überwiegend als Grünland genutzt. In wirtschaftlicher Hinsicht lebte die Bevölkerung stets von Land- und Viehwirtschaft, zum Teil auch vom Torf-Abbau. Im Verlauf vieler Jahrzehnte entstanden im Ammerland diverse Baumschulen, die sich zu einem bedeutenden Wirtschaftssektor entwickelten. Mit etwa 180 Baumschulen ist diese Region das Zentrum der Baumschul-Wirtschaft in Europa.

Das Ammerland gehörte über viele Jahrhunderte traditionell zu den Oldenburgischen Stammlanden. Bis zur Auflösung der Bezirksregierung Weser-Ems im Jahre 2005 war das Ammerland ein Teil des Landes Oldenburg. Einflüsse aus der Zeit des Herzogtums Oldenburg sind optisch kaum noch erkennbar. Der Kreissitz des Ammerlandes ist die Stadt Westerstede, die einzige Stadt der Region.

Die Landesfläche beträgt rd. 728 qkm. Etwa 123000 Einwohner leben in den 6 Gemeinden Westerstede, Bad Zwischenahn, Edewecht, Rastede, Wiefelstede und Apen. Haupterwerbsquellen sind die Ernährungswirtschaft und die Touristik. Aber auch die Gesundheitswirtschaft spielt eine besondere Rolle; 4 Kliniken und Reha-Einrichtungen bieten zahlreiche, vielseitige Arbeitsplätze. Zum wirtschaftlichen Erfolg dieser Region zählen ebenso viele Betriebe im Maschinen- und Anlagenbau, sowie etliche qualifizierte Handwerksbetriebe. Insgesamt zeigt das Ammerland ein positives Wirtschaftsklima. Die Verkehrsanbindungen sind außerordentlich günstig; die Autobahnen A 28 und A29 durchqueren das Ammerland. Eisenbahn-Linien zwischen Oldenburg und Leer, sowie zwischen Oldenburg und Wilhelmshaven kreuzen die Region. Zusätzlich existieren für den Personenverkehr ca. 15 Buslinien im Ammerland.

Landschaftlich prägend sind die Wälder- und Wiesen, Baumschulenkulturen, Einzelhöfe, z.T. reetgedeckte Fachwerk-Bauernhäuser, kleine Dörfer, Fluss-Landschaften und Seen. Das Ammerland bietet eine beschauliche Schönheit, ein intaktes Ökosystem und damit eine hohe Lebensqualität. Historische Kirchen, alte Residenzen und urige Windmühlen erinnern an die Geschichte des Landes.

# Bad Zwischenahn

Bad Zwischenahn ist mit fast 29.000 Einwohnern die größte Gemeinde im Landkreis Ammerland. Eine erste urkundliche Erwähnung datiert aus dem Jahr 1134, die sich aber eher auf die Liegenschaften der Ritter von Elmendorf bezieht. Die Zwischenahner Kirche wird urkundlich 1316 erwähnt. Ab 1331 verfestigte sich um das Zwischenahner Meer die Herrschaft der Oldenburger Grafen. Allerdings war die Region seinerzeit noch von vielen Mooren umgeben.

Eine lebhafte Entwicklung der Bevölkerungsdichte setzte im 19. Jahrhundert ein. 1867 erhielt Zwischenahn einen Anschluss an das Bahnnetz, der eine ungebremste wirtschaftliche Entwicklung von Gewerbe und Industrie in der Region auslöste, z.B. auch in der Nahrungsmittel-Industrie. Ebenso setzte bald der Tourismus ein.

Das Zwischenahner Meer mit einer Wasseroberfläche von 526 ha wurde zum Zentrum eines früh beginnenden Fremdverkehrs. Das Vorhandensein von Moor führte im Laufe der Jahre zur Einrichtung eines Moorheilbades, und seit 1964 ist Zwischenahn ein staatlich anerkanntes Heilbad.

Die Bedeutung der Landwirtschaft hat nach Ende des 2. Weltkrieges abgenommen, dafür entwickelte sich sehr stark die Baumschul-Wirtschaft, die heute das Landschaftsbild prägt. Aber der Schwerpunkt des Wirtschaftslebens ist der Tourismus. Hierzu kommen die positiven Entwicklungen im Bereich des Gesundheitswesens, wie die Reha- und Kur-Kliniken. „Gesundheit am Meer" ist das Motto dieser Einrichtungen, ebenso wie die Bedeutung der Wellness-Kurzurlaube. Darüber hinaus wurde Zwischenahn natürlich ein beliebtes Naherholungsgebiet durch sehenswerte Anlangen: Das „Ammerländer Bauernhaus-Museum" zeigt bäuerliche Lebenskultur um 1700, das Freilichtmuseum mit der Windmühle, die St.-Johannes-Kirche mit seiner prächtigen Ausstattung und seit 2002 im Ortsteil Rostrup den „Park der Gärten" mit 43 verschiedenen Themengärten. Nicht umsonst ist Bad Zwischenahn die „Perle des Ammerlandes".

Das Ammerländer Bauernhaus-Museum ist ein besonderer Anziehungspunkt im Zentrum des Ortes, umgeben von gepflegten Kurpark-Anlagen und in Sichtweite des Zwischenahner Meeres gelegen.

Das reetgedeckte Fachwerkhaus und die im Umfeld aufgestellten historischen Gebäude wurden ab 1910 als Freilicht-Museum eingerichtet. Die Anlage vermittelt das ländliche Leben im Ammerland aus der Zeit um 1700. Alle Gebäude sind im Laufe der Jahre aus der Region zusammen getragen und hier wieder aufgebaut worden.

*Die große Diele war der Mittelpunkt des ländlichen Lebens; zum Essen versammelte man sich um die offene Feuerstelle.*

*Schlafstube*

*Webstuhl-Zimmer*

*Im Bauernhaus-Garten wuchsen Gemüse und Kräuter*

*Ackerwagen*

*Stellmacher-Werkstatt*

*Die Galerieholländer-Windmühle stand ursprünglich 1811 in Westerstede, wurde dort abgebaut und 1960 im Freilicht-Museum wieder aufgestellt. Die Mühlentechnik ist heute noch funktionsfähig.*

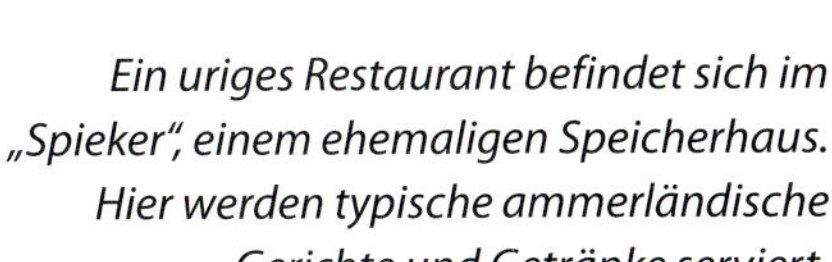

*Ein uriges Restaurant befindet sich im „Spieker", einem ehemaligen Speicherhaus. Hier werden typische ammerländische Gerichte und Getränke serviert.*

Der Kurpark am Ufer des Zwischenahner Meeres zeigt beschauliche Ecken und Wege und bietet Kurgästen Ruhe und Erholung. Hochbeete, Stauden und Bänke wechseln mit Skulpturen heimischer Künstler. In der Wandelhalle und den entsprechenden Außenanlagen wird eine gepflegte Gastronomie angeboten. Vom Ufer aus geht ein weiter Blick über das Wasser.

Die St.-Johannes-Kirche stammt nach einer Urkunde aus dem Jahr 1316. Der spätgotische Flügelaltar ist um 1525 geschaffen worden. Zusammen mit der 1653 aufgestellten Kanzel gilt die Kirche als heraus ragende Sehenswürdigkeit im Ammerland. Der Glockenturm wurde in der zweiten Hälfte des 15. Jahrhundert erbaut.

Die Innenstadt präsentiert sich als kleines Einkaufsparadies. Vielfältige Läden und Boutiquen, überwiegend inhabergeführte Geschäfte bieten viel Abwechslung beim Einkaufsbummel.

*Ruhe am Wasser*

*Appartementhaus mit eigenem Yachthafen direkt am Zwischenahner Meer gelegen.*

*Die Zwillings-Villen auf dem „Hohen Ufer" wurden 1909 von einem Oldenburger Unternehmer für seine beiden Töchter erbaut.*

*Seehotel „Fährhaus"*

*Der markante 35 Meter hohe Wasserturm wurde 1937 von dem bekannten Architekten Fritz Höger gebaut.*

*Rathaus*

*Das historische Kurhaus von 1874*

*Das Reha-Zentrum am Meer zählt bundesweit zur Spitze dieser Kategorie und trägt das Siegel „TOP-Reha-Klinik"*

*Hotel „Jagdhaus Eiden" mit Spielcasino.*

*Das Zwischenahner Meer ist der drittgrößte See in Niedersachsen.*
*Die Wasseroberfläche beträgt rd. 5,3 qkm, die durchschnittliche Wassertiefe 3,3 m. Der See entstand vor rd. 12.000 Jahren durch den Einbruch einer Deckschicht, die über einem ausgespülten Salzstock lag.*

*Mehrere Bootshäfen bieten Platz für Segelsportler*

*Schiffe der „Weißen Flotte" laden zu erholsamen Rundfahrten auf dem Meer ein. Das erste Passagierschiff „Puck" fuhr ab 1874*

*Ein beliebtes Restaurant ist der „Fährkroog" in Dreibergen*

*Kaffeegarten im „Fährkroog"*

*Blick vom Fähranleger „Fährkroog"*

Im Ortsteil Rostrup befindet sich der 2002 angelegte „Park der Gärten". Auf einer 14 ha großen Fläche sind 43 verschiedene Themen-Gärten angelegt, die Hobby-Gärtnern viele Anregungen bieten können.

# Westerstede

Westerstede ist die Kreisstadt des Landkreises Ammerland. Etwa 22400 Einwohner wohnen in der lebendigen Stadt, etwa 50% im historischen Stadtbereich, die andere Hälfte verteilt sich auf 25 eingemeindete, ehemalige Dörfer. Seit 1933 ist die Stadt Sitz des Landkreises Ammerland.

Der Ort wird erstmals 1123 in Zusammenhang mit dem Bau der St. Petri-Kirche urkundlich erwähnt. Das erste, in Holz erstellte Gebäude und das Grundstück wurden vom Freiherrn von Fikensolt gestiftet. Der Holzbau wurde 1232 durch ein Bauwerk aus Feld- und Backsteinen ersetzt.

Im 15. und 16. Jahrhundert litten Westerstede und die ganze Region durch Fehden und kriegerische Auseinandersetzungen zwischen den Oldenburgischen Grafen und den einfallenden ostfriesischen Häuptlingen. Von Kriegshandlungen im 30jährigen Krieg bleibt Westerstede weitgehend verschont. 1579 predigte nach der Reformation erstmalig ein evangelischer Pastor in der St. Petri-Kirche.

1815 brach im Zentrum der Stadt ein Großbrand aus; über 50 Gebäude lagen danach in Schutt und Asche. Zwei Jahre zuvor befreiten Kosaken den von Franzosen besetzen Ort. Nach dieser schweren Zeit bauten die Bewohner den Ort sinnvoll wieder auf und schufen damit schon eine erste kleinstädtische Orts-Charakteristik, die sich anschließend positiv weiter entwickelte.

Durch eine Schmalspurbahn nach Ocholt erhielt Westerstede 1876 einen Anschluss an das inzwischen existierende Eisenbahnnetz im Großherzogtum Oldenburg. Die Schmalspur wurde 1904 auf die übliche Normalspur umgerüstet. 50 Jahre später, 1954 wurde die Personen-Beförderung komplett eingestellt.

Seit 1879 gibt es in Westerstede ein Amtsgericht, aber das Stadtrecht wurde erst 1977 verliehen; seine Fußgängerzone gönnte sich die Gemeinde 1982. Das positive Wirtschaftsklima wird traditionell durch eine mittelständische Industrie und viele gewerbliche Unternehmen bestimmt. Im 19. Jahrhundert hatte übrigens die Leinen-Weberei und Färberei neben den bestehenden Handwerksbetrieben eine besondere Bedeutung.

Eine über die Stadtgrenze weit hinaus bekannte Stellung nimmt das Kreiskrankenhaus, die Ammerland-Klinik ein. Sie entwickelte sich 1950 ursprünglich aus einem Lazarett, das 1945 in Westerstede eingerichtet wurde. Die Klinik mit vielen verschiedenen Bereichen verfügt über rd. 400 Betten und wird von der Bevölkerung sehr geschätzt. Im Jahr 2008 wurde das Bundeswehr-Lazarett von Bad Zwischenahn nach Westerstede in die Nachbarschaft der Ammerland-Klinik verlegt.

Die St. Petri-Kirche wird urkundlich erstmals 1123 und nach der Erneuerung 1232 erwähnt, als aus dem frühen Holzbau ein Neubau mit Feld- und Bachsteinen entstand. Die Kirche gilt als das Wahrzeichen der Stadt. Wie in allen Ammerländer Kirchen steht auch in Westerstede ein Glockenturm neben dem Gotteshaus.

*Das Rathaus befindet sich am Marktplatz; es wurde 1927 erbaut.*

*Das Stadtzentrum wird durch die 1982 eingerichtete Fußgängerzone auf sympathische Weise belebt. Kleine geschmackvolle Einzelhandelsgeschäfte, Restaurants, Kaffee- und Eisdielen prägen das Stadtbild.*

Die „Krömerei" gilt als das älteste Fachwerkhaus in der Stadt. Seit langer Zeit wird das Gebäude gastronomisch genutzt.

Das Hotel „Altes Stadthaus" hat eine bewegte Geschichte. Ursprünglich befand sich hier ab 1813 eine alte Brennerei.

Der Marktplatz ist der Mittelpunkt der Stadt. Er verleiht dem Ortszentrum eine beschauliche, liebenswerte Atmosphäre.

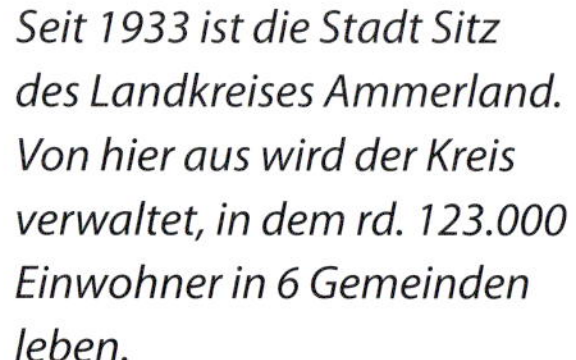

*Seit 1933 ist die Stadt Sitz des Landkreises Ammerland. Von hier aus wird der Kreis verwaltet, in dem rd. 123.000 Einwohner in 6 Gemeinden leben.*

*Das Amtsgericht gibt es in Westerstede seit 1879.*

Die ehemalige Bahnsteig-Seite.

Im Jahre 1876 erhielt die Stadt einen Anschluss an das Eisenbahnnetz im Großherzogtum Oldenburg. 1954 wurde die Personen-Beförderung aber eingestellt. Über dem Haupteingang befindet sich heute noch das Oldenburger Wappen. Seit vielen Jahren beherbergt das historische Bahnhofsgebäude ein Restaurant.

*Das Kreiskrankenhaus „Ammerland Klinik" verfügt über rd. 400 Betten und genießt weit über Westerstede hinaus einen sehr guten Ruf.*

*Der Stadtpark am Rande des Stadtzentrums*

*Eine frühere Burganlage war der Stammsitz der Ritter von Fikensolt. 1274 wird die Burg erstmals erwähnt. Das heutige, im Volksmund genannte „Schloss" wurde um 1760 auf den Fundamenten der einstigen Burg erbaut. Die Ritter von Fikensolt waren den Oldenburger Grafen zum Dienst verpflichtet und waren treue Gefolgsleute. Das Rittergeschlecht starb 1613 mit Johann von Fikensolt aus.*

*Die Howieker Mühle wurde 1608 erbaut. Sie liegt an der Ollerbäke und war eine bannfreie Wassermühle. Sie ist heute das Zentrum der regionalen Brauchtumspflege.*

# Edewecht

Die Ortschaft Edewecht kommt urkundlich erstmals unter dem Begriff Adewacht in der Geschichte vor.
Es ist ein uraltes Moordorf, bzw. typisches Reihendorf, wie man es in der Region der großen Moorgebiete heute noch häufig antrifft. Der Ort zählt zu den ältesten Ansiedlungen im Ammerland.
Um 1380 wurden im Umfeld der heutigen Ortschaft schon 18 Bauernhöfe gezählt. Auch die heutige Edewechter St. Nicolai-Kirche stammt in ihren ältesten Bauteilen aus dem späten 13. Jahrhundert.

Durch das Anwachsen der Bevölkerung kam es gegen Ende des 18. Jahrhundert zu ersten Ansiedlungen in den Hochmooren. Kleine Gewerbebetriebe, insbesondere Ziegeleien und kleine Schiffbaubetriebe prägten das damalige Wirtschaftsleben zwischen 1800 und 1900. Gegen Ende des 19. Jahrhunderts war Edewecht die mühlenstärkste Region des Ammerlandes; 11 Mühlen stellten ihre Flügel in den Wind. Auch der Bau des Küstenkanals (1922 – 1935) wirkte sich positiv auf die Entwicklung des Wirtschaftslebens in der Region aus.

Edewecht hat rd. 22.000 Einwohner und ist mit 15 Bauernschaften die viertgrößte Gemeinde im Ammerland. Die St. Nicolai-Kirche ist das älteste Gebäude der Gemeinde. Im Laufe der Jahrhunderte hat Edewecht mehrfach gravierende Zerstörungen erlitten. Einerseits durch Fehden zwischen den Bischöfen von Münster und den Grafen von Oldenburg, später durch ein Großfeuer im Jahre 1624. Kurz vor dem Kriegsende 1945 wurde durch schwere Kampfhandlungen zwischen den Alliierten und deutschen Soldaten der größte Teil des Dorfes vernichtet.

Im Laufe der Jahrzehnte nach dem Kriegsende entwickelte sich die Wirtschaft in der Region wieder aufwärts. Die Nahrungsmittel-Industrie, insbesondere die Milch- und Fleischwirtschaft, verschaffte dem Ort weit über die Region hinaus einige Beachtung. Viel grünes Land, etliche Baumschulen und unberührte Moorflächen bestimmen das Landschaftsbild in der Gemeinde Edewecht.

Die Windmühle Querenstede wurde 1802 erbaut und nach einem Brand von 1897 wieder hergestellt. Auffällig ist das noch vorhandene gesamte Mühlen-Ensemble, inklusive einer Gastwirtschaft.

Edewecht war einst mit 11 Windmühlen die mühlenstärkste Region des Ammerlandes. Dazu zählen auch die achtkantige Turmwindmühle in Westerscheps und die Galerieholländer-Windmühle in Osterscheps.

*Die Kokermühle in Edewecht ist der Nachbau einer historischen Mühle, die vorher schon andere Standorte hatte.*

*Die Galerieholländer-Windmühle in Ekern , ursprünglich von 1835, geriet 1910 in Brand und wurde danach neu aufgebaut. Die Ortsteile Querenstede und Ekern gehören verwaltungsmäßig zu Zwischenahn.*

*Die St. Nikolai-Kirche stammt in ihrer ältesten Bauphase aus dem 13./14. Jahrhundert.*
*Anbauten erfolgten im 15. und 16. Jahrhundert sowohl im Osten wie auch im Westen des urprünglichen Rechteckbaues. Der freistehende hölzerne Glockenturm ging 1945 bei den schweren Kämpfen im Ort in Flammen auf und wurde später originalgetreu wieder aufgebaut.*

*Der Altar entstand in der Zeit um 1520/25. Der mittlere Teil zeigt eine geschnitzte Kreuzigungs-Darstellung. Die Seitenflügel stellen Szenen aus dem Leben Gottes dar.*

Mehrere Gewölbemalereien schmücken die Gewölbekuppen in der St. Nikolai-Kirche.

Die Kanzel hat ein Schwesterstück in der St. Johannes-Kirche in Bad Zwischenahn.

Geschnitztes Taufbecken

*Der Küstenkanal durchschneidet den südlichen Bereich der Gemeinde und hatte schon kurz nach seiner Fertigstellung 1935 für die Region eine größere Bedeutung.*

*Moorbirken-Landschaft*

*Edewecht hat sich nach der verheerenden Zerstörung 1945 aus kleinen Anfängen heraus zu einer florierenden Gemeinde mit vielen Einzelhandlungen entwickelt.*

Edewecht ist ein ehemaliges Moordorf. Weite Flächen der Gemeinde stehen unter Naturschutz. Noch bis heute gibt es fast unberührte Moore. Allein das Fintlandsmoor mit ca. 140 ha sowie das im Süden der Gemeinde gelegene „Vehnemoor" vermitteln ein beeindruckendes Landschaftsbild.

# Apen

Die Gemeinde Apen mit ihren rd. 11.500 Einwohnern liegt am westlichen Rand des Landkreises Ammerland und grenzt somit an die ostfriesischen Fehngebiete. Zur Gemeinde gehören 6 Bauernschaften. Geschichtlich wird Apen um 1230 als wichtiger Grenzort zu Ostfriesland erwähnt, es war sogar ein bedeutender Festungsort. Infolge diverser Fehden mit den Ostfriesen ging Apen 1457 in Flammen auf.

Die zu Apen gehörende Moor-Kolonie Augustfehn, die um 1850 neu gegründet wurde, ist heute der größte Ort der Gemeinde Apen. Hier setzte im 19. Jahrhundert eine bedeutende Industrialisierung mit der Errichtung einer Eisenhütte ein. Die Eisenhütte wurde 1856 gegründet. Statt Holzkohle wurde für den Schmelzprozess Torfkoks verwendet; der Rohstoff dafür war in der weiteren Umgebung reichlich vorhanden. Zu einer Verbesserung der Transportprobleme kam es 1869 mit dem Anschluss von Augustfehn an das Eisenbahnnetz.

Der Großherzog Paul Friederich August von Oldenburg war der Namenspate sowohl von Augustfehn wie auch Namenspatron der Eisenhütte. Durch die Weltwirtschaftskrise, die etwa ab 1929 einsetzte, ergaben sich für Augustfehn große Probleme, und infolge der wirtschaftlichen Veränderungen wurde die Eisenhütte 1932 geschlossen. Der heutige Arbeitsmarkt wird überwiegend vom produzierenden Gewerbe, vom Bauhandwerk und vom Baumschulgewerbe bestimmt.

Die Landschaft ist geprägt von vielen Wasserläufen, Kanälen und Fehnbrücken. Die Gewässer sind über die Jümme, Leda und Ems mit der Nordsee verbunden und unterliegen somit auch dem Tidenhub. Der Augustfehn-Kanal ist aber heute nicht mehr schiffbar. Kulturhistorisch glänzt Apen mit zwei wertvollen Bauten, mit der 1339 erbauten Kirche St. Nikolai und der 1456 entstandenen Kapelle in Vreschen-Bokel. Letztere wurde nach ihrem Verfall durch die Initiative von Graf Anton Günther erneuert.

Direkt am Aper Tief steht im Ortsteil Hengstforde die Windmühle von 1742.

*Gemessen an der früheren strategischen und fiskalischen Bedeutung geht es in der heutigen Gemeindeverwaltung von Apen etwas beschaulicher zu.*

*Fenster im Mühlengebäude*

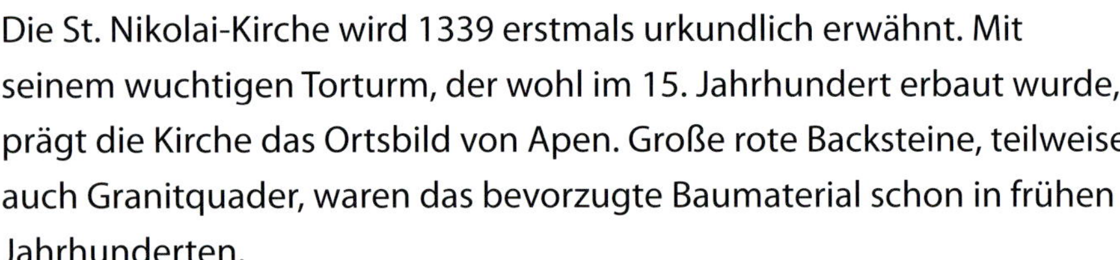

Die St. Nikolai-Kirche wird 1339 erstmals urkundlich erwähnt. Mit seinem wuchtigen Torturm, der wohl im 15. Jahrhundert erbaut wurde, prägt die Kirche das Ortsbild von Apen. Große rote Backsteine, teilweise auch Granitquader, waren das bevorzugte Baumaterial schon in frühen Jahrhunderten.

*Das Altarretabel imponiert durch den barocken Rahmen und den darum postierten Apostel-Figuren. Die Anfertigung wird auf das Jahr 1625 geschätzt.*

*Die Kanzel wurde von Ludwig Münstermann geschaffen*

*Klappbrücke über den Augustfehnkanal*

*Schafe pflegen die Deiche am Aper Tief*

*Aper Tief*

Im Ortsteil Vreschen-Bokel steht auf einer Wurt die im Jahr 1456 erbaute spätgotische Kapelle. Sie verfiel im 16. Jahrhundert; später sorgte Graf Anton Günther für eine Wiederherstellung.

*Großherzog Paul Friedrich August ist der Namenspatron von Augustfehn und Namensgeber der Eisenhütte Augustfehn.*

*Klappbrücke in Augustfehn*

*In einem der ehemaligen Gebäude der Eisenhütte befindet sich ein interessant ausgestattetes Kaffee*

*Im Kaffee sind ehemalige Armaturen und alte Rohrleitungen ungewöhnliche Ausstattungsmerkmale. Auch auf dem Außengelände stehen alte Geräte aus der Giesserei.*

# Rastede

Die Geschichte von Rastede beginnt 1059 mit dem Stiftungsdatum der St. Ulrichs-Kirche. 1094 wurde ein Benediktinerkloster gegründet, das von seinen Stiftern mit größeren Ländereien und Besitztümern beschenkt wurde. Das Kloster wurde zum geistigen Zentrum Norddeutschlands. Die Grafen von Oldenburg entwickelten es zu ihrem Hauskloster. Mit der Reformation verlor das Kloster seine geistige Grundlage und seine Bedeutung. Nach dem Tod von Graf Anton Günther 1667 fiel die Oldenburger Grafschaft durch verwandtschaftliche Beziehungen an das dänische Königshaus.

Der Ort Rastede war über Jahrhunderte Residenzort der Oldenburger Grafen und Herzöge. Mitten im Ort liegt eindrucksvoll in einer großen Parkanlage das Schloss. Die Schloss-Anlage wird noch bis heute von der herzoglichen Familie privat genutzt. Das dem Schloss gegenüber liegende Palais wurde Ende des 18. Jahrhundert vom herzoglichen Reisemarschall Graf Schmettau als Landhaus erbaut. Herzog Peter Friederich Ludwig erwarb das Palais 1822; es diente später der Hofhaltung des Erbprinzen. Heute wird das Palais vielfach für kulturelle Veranstaltungen genutzt.

Die 1059 erbaute St. Ulrichs-Kirche zählt zu den kulturhistorisch bedeutenden Bauwerken in Nordwestdeutschland. Der Glockenturm wurde das Wahrzeichen des Residenzortes Rastede.

Mit dem Aufstieg des Bürgertums entwickelte sich Rastede zu einer ansehnlichen Gemeinde. In dem recht bekannten Residenzort leben heute gut 22.000 Einwohner. Durch politische Veränderungen und der Eingliederung in den Landkreis Ammerland wurde Rastede in seiner Bedeutung zurück gesetzt. Eine Vielzahl ortsansässiger, namhafter Industriebetriebe und Unternehmen hat Rastede in der Vergangenheit weit über seine Grenzen bekannt gemacht.

## Das Schloss

Nach der Reformation verlor das Kloster Rastede im Oldenburger Land an Bedeutung. Die Anlage wurde vom Oldenburger Grafengeschlecht in Besitz genommen; der erste gräfliche Bewohner war Christoph von Oldenburg.
In der ersten Hälfte des 17. Jahrhundert baute Graf Anton Günther die Anlage zu seiner Sommer-Residenz um. Nach seinem Tod 1667 verfiel das Schloss unter der neuen dänischen Herrschaft über Oldenburg und wurde in einen bürgerlichen Besitz verkauft. Im Jahre 1777 erwarb Herzog Peter Friedrich Ludwig das Schloss zurück und ließ es ausbauen. Mit Ende des 1. Weltkriegs wurde der Freistaat Oldenburg abgeschafft. Großherzog Friedrich August legte seine Regentschaft nieder und machte seine bisherige Sommer-Residenz zu seinem ständigen, privaten Wohnsitz. Das Schloss wird bis heute von der herzoglichen Familie privat genutzt.

## Das Prinzenpalais

Im Jahre 1822 erwarb Herzog Peter Friedrich Ludwig das gegenüber dem Schloss gelegene ehemalige Landhaus seines Reisemarschalls Detlef Hans Graf von Schmettau. Er kaufte es mit dem Plan, daraus das „Erbprinzenpalais" zu schaffen. Zur Erweiterung der Hofhaltung wurde ein kleiner Landschaftsgarten angelegt. Das ursprüngliche Landhaus wurde 1882 aufgestockt und mit einer repräsentativen Fassade versehen.
Seit 1987 wird das Gebäude von der Gemeinde Rastede für kulturelle Veranstaltungen genutzt.

**St.-Ulrichs-Kirche**

Die St.-Ulrichs-Kirche wurde 1059 erbaut. Seit 1524 ist das Gotteshaus eine ev. luth. Kirche.
Das Gebäude wurde ursprünglich aus Feldsteinen errichtet aber im Laufe der Jahrhunderte durch Backsteine umgebaut und mehrmals erweitert. Der frei stehende Glockenturm stammt aus dem 15. Jahrhundert; im Turm hängen drei Glocken.

*Blick in den Chorraum.*

*Die Buntglasfenster sind Stiftungen des Großherzogs Friedrich August von Oldenburg.*

*Das barocke Altarretabel stammt aus dem Jahr 1636.*

*Der romanische Taufstein wurde um 1250 geschaffen und ist das älteste Relikt in der Kirche*

*Die Kanzel schuf der Bildhauer Ludwig Münstermann 1612; gestiftet wurde die Kanzel vom Oldenburger Graf Anton Günther.*

*Im Chorraum befindet sich der im Rokoko-Stil geschaffene Kirchenstuhl der herzoglichen Familie*

*Herzog Peter Friedrich Ludwig ließ einen großzügigen Park im Stil des Englischen Landschaftsgarten anlegen. Am Südrand des Schlossparks wurde ein repräsentatives Eingangstor, das Hirschtor, erbaut.*

*Im nördlichen Bereich des Schlossparks wurde zwischen 1842 und 1848 eine größere Teichlandschaft, der sogenannte Ellernteich, angelegt.*

## Gut Wahnbeck

Der Ortsteil Wahnbeck gehört seit 1933 zur Gemeinde Rastede. Seit 1581 sind drei größere Höfe bekannt, die aber ursprünglich leibeigene Höfe des Klosters Rastede waren. Zwei dieser Höfe kaufte Ende des 19. Jahrhunderts der Brennerei-Besitzer Joh. Gerhard Hullmann aus Etzhorn und legte diese zu einem größeren Hof zusammen. Daraus wurde Gut Wahnbeck. 1905 erhielt das Gut eine schlossartige Villa als Wohnhaus. Teile des Anwesens werden seit einiger Zeit für gastronomische Veranstaltungen genutzt.

## Brötje-Hof

Der Brötje-Hof stammt aus dem Jahr 1666 und befindet sich heute noch im Besitz der Familie Brötje. Ab 1990 ist von den Besitzern in dem Haus ein Bauern-Museum eingerichtet worden.
Es enthält mittlerweile ein umfassende Sammlung verschiedener Geräte aus der bäuerlichen Arbeitswelt.

# Wiefelstede

In Wiefelstede befindet sich die älteste Kirche des Ammerlandes, die St. Johannis-Kirche; erbaut wurde sie 1057, eine Orgel erhielt sie erst 1731. Der Torturm wurde gegen Ende des 15. Jahrhhundert gebaut.

Das Dorf war über Jahrhunderte rein landwirtschaftlich ausgerichtet. Erst nach dem Ende des 2. Weltkrieges entwickelte sich ein Strukturwandel hin zur gewerblichen Wirtschaft. Der Ort mit seinen rd. 16.000 Einwohnern setzt sich aus 20 Gemeinden zusammen. Wiefelstede lag an der strategisch wichtigen „friesischen Heerstraße", die von Oldenburg nach Varel führte. An dieser Straße liegen die meisten alten Dörfer dieser Region.

Etwa seit 1960 siedelten sich Industrie- und Handelsunternehmen in Borbeck und Metjendorf an; ebenso wurden Ackerflächen in Baumschul-Anlagen umgewandelt. Wiefelstede ist die waldreichste Gemeinde im Ammerland und im Laufe der Zeit ein beliebter Ferienort geworden. Hotels, Ferienhäuser und Ferienwohnungen werden gerne gebucht. Der Ort liegt in einer reizvollen Parklandschaft. Weit über das Ammerland hinaus bekannt wurde der prächtige Rhodedendronpark in Gristede, ein Ortsteil, der zu Wiefelstede gehört.

Der Rhododendronpark Gristede gehört der Baumschule Joh. Bruns in Bad Zwischenahn. Der Park ist frei zugänglich und entfaltet seine ganze Pracht zur Blütezeit der über 1000 Rhododendren in den Monaten April bis Juni. Zum Park gehört eine Vielzahl weiterer botanischer Raritäten.
*(Aufnahmen der Fa. Joh. Bruns)*

Die St.-Johannis-Kirche ist vermutlich 1057 geweiht worden. Sie war ursprünglich eine Granitkapelle und wurde nach mehreren Erweiterungen bis 1250 auf die heutige Grüße gebracht.
Die St.-Johannis-Kirche ist die älteste Kirche im Ammerland. Der Glockenturm wurde gegen Ende des 15. Jahrhunderts gebaut.

*Im Inneren der Kirche fällt der große Flügelaltar auf, entstanden um 1520. Auf dem Altar steht ein großes Kreuz aus dem 14. Jahrhundert. Vermutlich wurde es ursprünglich als Vortragskreuz bei Prozessionen verwendet.*

*Die Kanzel mit ihren schönen Ornamenten wurde 1644 von dem Oldenburger Künstler Gert Bokemann geschaffen.*

## Gut Horn

Das Gutshaus ist 1858 in spätklassizistischem Stil erbaut und 1914 aufgestockt worden.
Bis Ende 2005 wurde die Anlage unterschiedlich genutzt. Nach dem Verkauf wurde das Gutshaus von den neuen Besitzern 2006 restauriert. Es wird neuerdings häufig für kulturelle und gastronomische Veranstaltungen genutzt.

Wiefelstede liegt etwas abseits von den größeren Verkehrsströmen in einer vielfältigen, beschaulichen Landschaft, die sich dem flüchtigen Besucher nicht auf Anhieb erschließt. Der Wechsel von Feld, Wald, Wiesen und Mooren erinnert an eine große Parklandschaft.
Die Nähe zur früheren landwirtschaftlich geprägten Region ist noch erkennbar.

Das Ammerland ist das bedeutendste Anbaugebiet für Bäume und Sträucher in Europa. Diverse Baumschulkulturen säumen die Straßen und Wege im Ammerland. Mit über 180 Fachbetrieben ist die Baumschulwirtschaft ein wichtiger Wirtschaftsfaktor im Landkreis.